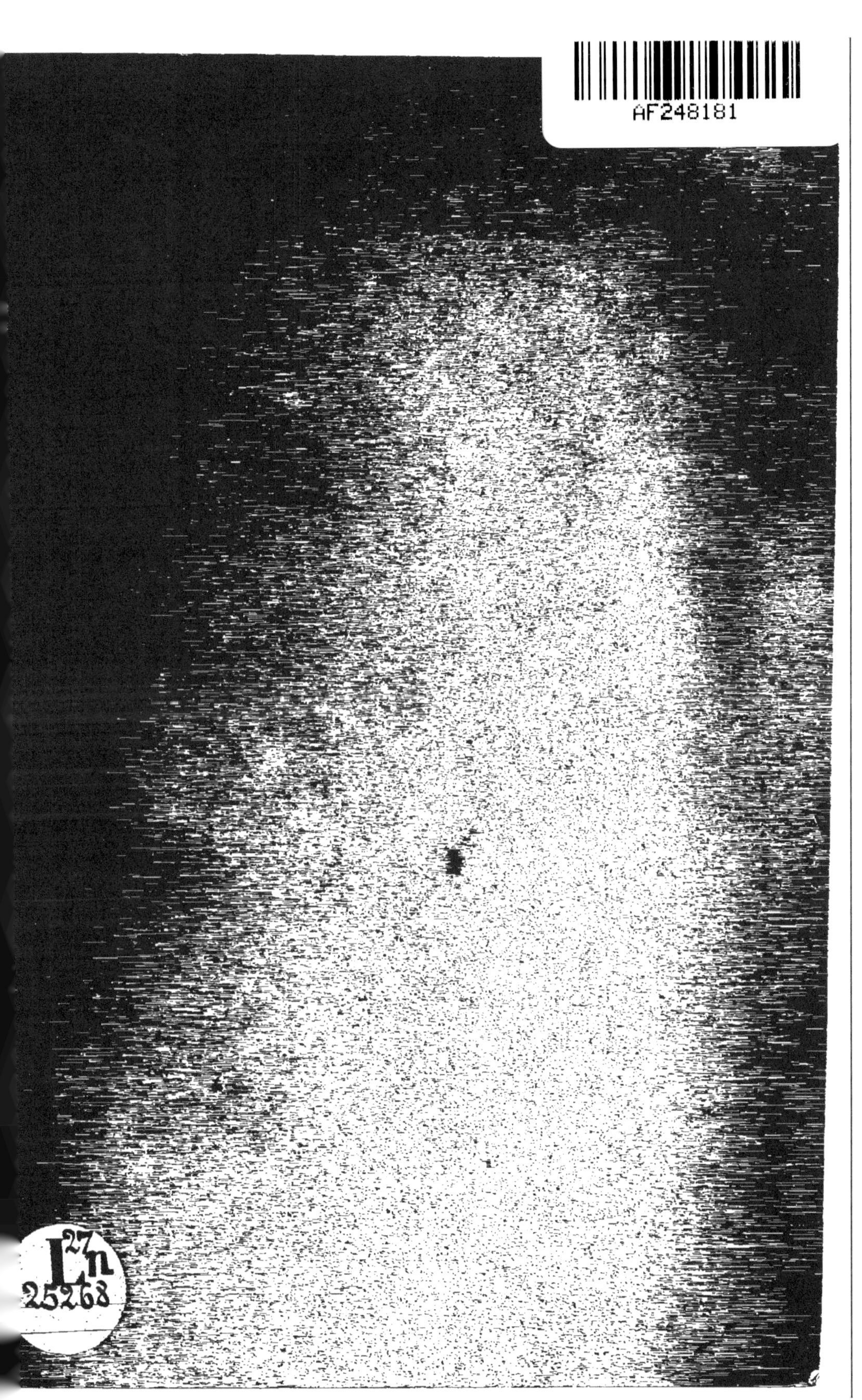

LE

MARIAGE RELIGIEUX

D'UNE DANSEUSE

LE
MARIAGE RELIGIEUX
D'UNE DANSEUSE

LETTRE

à Monseigneur l'Archevêque de Paris

PAR

M. CHARLES LEGUAY

Rédacteur du Recueil catholique LE CROISÉ

Proposui in animo meo quærere
et investigare. (*Eccl.*)

PARIS

LIBRAIRIE DUBUISSON et Cᵉ | LIBRAIRIE E. DENTU
5, RUE COQ-HÉRON, 5 | GALERIE D'ORLÉANS, 17-19

1869

MARIAGE RELIGIEUX

D'UNE DANSEUSE

Lettre à Monseigneur l'Archevêque de Paris

I

La lettre qui fait l'objet principal de cette publication n'était pas
destinée à voir le jour.

Seulement, l'incident qui m'a donné sujet de l'écrire s'étant
ébruité dans le monde du théâtre (je crois même qu'un journal en
a parlé), des gens que la religion doit dédaigner de compter parmi
ses adversaires, et qui appartiennent bien moins encore à la classe si
honorable, si droite, si loyale des artistes, puisque ces gens-là *piéti-*
nent volontiers dans la boue du scandale, sont venus vers moi pour
m'acheter le droit d'imprimer, de livrer au vent de la publicité,
dans je ne sais quel mauvais dessein, la lettre que j'ai eu l'honneur

d'écrire à Monseigneur l'Archevêque de Paris, il y a quelques semaines.

J'ai repoussé bien loin cette proposition malhonnête.

Néanmoins, comme on pourrait abuser du peu qu'on sait sur les faits qui ont motivé cette lettre, je prends les devants et je n'abandonnerai pas à d'autres le soin de la publier.

Car on s'est trompé; je n'ai pas écrit un pamphlet, un libelle.

Bien au contraire; j'entends rester catholique, chrétien, en défendant bénévolement, au nom de l'équité, de la justice, la profession des comédiens contre un préjugé qui a été *social* avant que d'être *religieux*

Et de plus, je suis heureux de l'occasion que cette publication m'offre de pouvoir rendre publiquement hommage à l'esprit éclairé et tolérant de l'Administration du diocèse de Paris, de témoigner hautement ici des sentiments bienveillants et conciliants qui ont animé cette Administration dans la circonstance présente.

II

Voici donc la lettre que j'adressais à Monseigneur l'Archevêque de Paris, le 10 juillet dernier :

Monseigneur,

Dans la primitive Église, les fidèles, réunis autour de l'Évêque, se levaient devant l'assemblée pour s'accuser publiquement de leurs fautes, ou bien pour dénoncer publiquement aussi les fautes qu'ils avaient vu commettre à leurs frères.

.C'était le temps des .confessions publiques ; et la *coulpe* des religieux de la Trappe, qui a lieu en plein chapitre, rappelle encore aujourd'hui le souvenir de cette discipline première de l'exercice de la confession, au commencement du christianisme.

Daignez permettre, MONSEIGNEUR, que je fasse revivre un instant cet antique usage, et que je vienne, moi, simple fidèle catholique, signaler à VOTRE GRANDEUR un fait très-regrettable qui s'est passé le mercredi 30 juin dernier, sur la paroisse de Saint-..... de B.......

Mais au préalable, il me paraît nécessaire de vous dire, MONSEIGNEUR, qui je suis, et quel motif m'incite à m'adresser à VOTRE GRANDEUR au nom d'un tiers.

D'abord, je suis catholique et j'ai fait mes preuves à ce titre. J'ai donné mon sang à l'Église, et plusieurs des miens, une sœur, une fille sont engagés dans l'état religieux.

En second lieu, j'ai l'honneur, je crois, d'être un peu connu dans les bureaux de l'Archevêché de Paris. (1).......

. . . .

. . . .

. . . .

Enfin, MONSEIGNEUR, j'aime avec passion l'étude de l'his- toire ; et cette étude est pleine d'intérêt, d'enseignements pour moi. Aussi, des recherches historiques tournées au début vers l'histoire religieuse m'ayant amené à examiner de très-près la question du préjugé, *social d'abord et religieux ensuite*, qui atteint la profession des gens du théâtre, j'ai consciencieusement étudié, approfondi cette question dans toutes ses parties, pendant quatre années.

Je suis resté convaincu par la conclusion de mes études

---

(1) Le passage qui est remplacé ici par des lignes ponctuées a trait aux affaires particulières d'une tierce personne.

qu'après avoir montré, plus que tout autre peut-être, un mépris excessif contre les gens du théâtre et leur profession, je devais faire amende honorable, j'étais obligé en conscience d'employer ma plume à les défendre contre le préjugé, parce que j'avais été injuste en le partageant.

Seulement, fils dévoué et soumis de l'Eglise, j'ai pris la liberté d'envoyer à tous les Evêques de France une lettre-circulaire qui porte la date du 6 novembre 1865, et de solliciter, *s'il y avait lieu*, de LL. GRANDEURS, l'approbation épiscopale d'un livre dont je traçais le plan dans cette lettre-circulaire.

Les Évêques de France ne m'ont pas fait la politesse de me répondre, sauf cependant un seul de ces vénérables prélats, à qui je conserve une profonde, une respectueuse gratitude.

Ce digne Pontife d'une Église du Midi de la France m'a confirmé dans la croisade que j'ai entreprise en faveur des comédiens, car il m'a avoué ce que je savais d'ailleurs, qu'il n'existe pas de *condamnation générale de l'Eglise contre la profession du comédien*.

Ces diverses particularités devaient être connues tôt ou tard de VOTRE GRANDEUR, parce que Vous êtes, MONSEIGNEUR, mon Ordinaire, et qu'étant votre diocésain, je me ferai un devoir de placer devant Vous tout ce que je publierai pour les comédiens, les gens du théâtre.

Mais ces particularités ont surtout ici pour but principal de justifier mon immixtion dans un incident, une circonstance qui touchent directement M. *Ajas-Carlet* et Mlle *Eléonore Rozé*, tous deux artistes chorégraphes des théâtres de Paris; elles expliqueront à VOTRE GRANDEUR pourquoi je me fais l'interprète auprès d'Elle de ces deux artistes, dont l'union a été bénite, le 1er de ce mois, à l'église Saint-..... de B..., en ma présence, car Mlle *Rozé* m'avait fait l'honneur de me choisir pour l'un des témoins de son mariage à la mairie et à l'église.

La veille de ce jour, les deux futurs conjoints étaient allés régler la cérémonie religieuse chez le vicaire de la paroisse qui a le règlement des mariages dans ses attributions, et, après avoir déclaré sa profession d'artiste dramatique , M*lle* *Rozé* exprima son vif désir *d'être mariée à l'autel de la Sainte-Vierge.* Cet ecclésiastique lui répondit, en s'exclamant : — « Mais savez-vous qu'il faut faire beaucoup de » choses pour être mariée à cet autel ; en êtes-vous di- » gne ? » —

M. *Ajas,* blessé de cette rude apostrophe et de la mésestime manifestée à sa fiancée, devant lui, par un prêtre qui est le seul à ignorer, dans tout Paris, la vie honorable de M*lle* *Rozé,* crut devoir apprendre à ce prêtre que sa future avait reçu une médaille d'honneur de la *Société nationale d'encouragement au Bien,* pour sa conduite honnête, pour sa piété filiale envers une mère mourante, pour son dévouement à un frère tout jeune, qu'elle a élevé, à un oncle très-âgé, dont elle est le soutien depuis quinze ans. — C'est seulement après cette déclaration de M. *Ajas,* que M*lle* *Rozé* put savoir de M. le vicaire de B... le montant de l'honoraire fixé par le tarif de la fabrique pour un mariage à l'autel de la Vierge, lequel est de 35 francs sans les orgues et de 100 francs avec les orgues.

Cet ecclésiastique a été malheureux dans le choix qu'il a fait de M*lle* *Rozé,* pour montrer ses répulsions vives contre les gens du théâtre.

En effet, est-ce que VOTRE GRANDEUR et S. E. le Cardinal-Archevêque de Bordeaux, Vous n'avez pas tous les deux, comme *présidents d'honneur* de la *Société nationale d'encouragement au Bien,* sanctionné implicitement, le 21 juin 1866, de toute la hauteur de vos fonctions éminemment saintes et sublimes de Pasteurs des peuples, le choix fait par le Conseil d'administration de cette Société de M*lle* *Rozé,* première danseuse du théâtre de la Porte-Saint-Martin, pour lui décerner une récompense honorable.

Vous proclamiez ainsi, MONSEIGNEUR, digne devant tous, cette artiste, cette danseuse, qu'un prêtre aveuglé par le préjugé, considérait tout d'abord comme indigne de pouvoir se marier à l'autel de la Vierge, cette mère de toute humilité, qui est la protectrice de ceux qu'on humilie, qu'on méprise.

Et même, en supposant que Mlle *Rozé* eût été l'une de ces nombreuses femmes dépravées qu'on rencontre au théâtre et partout ailleurs, je vous assure, Monseigneur, n'aurait-elle pas donné un gage sérieux de son retour à l'ordre, à la morale, en appelant les bénédictions de l'Église sur une union jusqu'alors immorale, scandaleuse. Mais il n'en est rien, et pourquoi M. le vicaire de B... s'est-il donc permis de dire à Mlle *Rozé*, femme de théâtre *honnête* : — « Vous êtes peu digne, vous avez péché » — tandis que Notre-Seigneur Jésus-Christ s'est contenté simplement de dire à la femme adultère *coupable* : — « Allez et ne péchez plus. » —

En définitive, Monseigneur, quelle a été la conséquence de l'acte répréhensible dont je me plains à Votre Grandeur ?

Les comédiens ont tout aussi bien et parfois mieux que les gens du monde, le sentiment des affections saintes de la famille. Aussi M. *Ajas*, sous l'impression pénible que lui avait causée l'outrage gratuit infligé à son honnête fiancée, raconta cet incident fâcheux en plein foyer du théâtre de l'Ambigu-Comique, à tous ses camarades, qui le trouvèrent bien simple d'avoir essayé de faire bénir son union par l'Église. Ils lui conseillèrent fortement de se contenter du mariage civil, et l'engagèrent à ne pas se présenter à l'autel le lendemain. Ce conseil ne pouvait pas être écouté de M. *Ajas*, et, dans tous les cas, Mlle *Rozé* n'aurait jamais voulu y souscrire.

C'est-à-dire, Monseigneur, que l'acte de M. le vicaire de B... aura pour résultat de rendre plus profond encore l'abîme qui sépare l'Église du théâtre. Si quelques-uns des comédiens qui ont entendu les justes plaintes de M. *Ajas* viennent à se marier plus tard, ils confondront l'Église, qui est une bonne mère, avec quelques-uns de ses ministres, qui sont intolérants, et ils s'éloigneront d'elle.

Et moi, j'aurai encore le chagrin, je serai attristé dans ma foi, d'entendre ces paroles qui étaient proférées, il y a deux jours, dans un lieu public : — « Voyez-vous, disait-on, ces » prêtres, comme ils nous aident, comme ils poussent au » mariage civil. » — J'affirme à VOTRE GRANDEUR que ces paroles ont été prononcées en ma présence, et Dieu sait bien que je ne mens pas.

Mais je m'arrête, MONSEIGNEUR, et je Vous demande pardon d'avoir été si prolixe. On aime à parler du sujet qui est l'étude de tous les jours, de tous les instants ; ce sera mon excuse auprès de VOTRE GRANDEUR, qui, Elle aussi, a donné toutes ses veilles à l'étude.

Je me dis, MONSEIGNEUR, avec le plus profond respect, votre très-humble serviteur.

CHARLES LEGUAY.

III

Quinze jours après, je recevais cette réponse :

ARCHEVÊCHÉ   Paris, le 29 juillet 1869.
DE PARIS
—

Monsieur,

Mgr l'Archevêque a lu avec intérêt la lettre que vous lui avez écrite le 10 de ce mois, et si vous voulez bien venir me voir lundi, mardi ou vendredi de la semaine prochaine, de midi à deux heures, je me ferai un plaisir de vous faire connaître le résultat de la petite enquête que j'ai faite moi-même au sujet de votre communication.

Agréez, Monsieur, l'assurance de mes sentiments distingués.

E.-J. LAGARDE,
Vicaire général.

IV

Je me rendis à l'invitation de M. l'abbé Lagarde le vendredi 6 août, et je reçus de ce dignitaire du diocèse de Paris le meilleur accueil.

Les premiers mots qu'il m'adressa furent pour m'exprimer les regrets de Monseigneur l'Archevêque de Paris et les siens du fait qui s'était passé sur la paroisse Saint. ... de B.....; puis il ajouta que le vicaire de cette paroisse qui avait tenu le propos blessant dont se plaignait Mlle *Rozé* s'était défendu d'avoir eu l'intention de vouloir rien dire qui pût désobliger une artiste méritante et digne.

Cette entrée en conversation me permettait tout naturellement d'entretenir M. l'abbé Lagarde de mes études sur les comédiens. Aussi, après l'avoir remercié de sa bienveillante communication, je lui répondis que Mlle *Rozé* n'était pas la seule femme de théâtre qui se conduisît honorablement. Je lui citai le nom de plusieurs d'entre celles-ci que je m'honore de connaître ou d'avoir connues : Mme *Victoria Lafontaine*, de la Comédie-Française; Mme *Anna Lesueur* (née *Chéri*) et Mlle *Delaporte*, du Gymnase (1) ; Mlle *Anna Rust*, sujet du corps de ballet de l'Opéra, qui a été en 1868, dame quêteuse des œuvres de charité de l'une des paroisses de Paris. Je parlai aussi à M. l'abbé Lagarde d'artistes dont le nom a seulement frappé mon oreille, que je n'ai jamais approchées, mais qui jouissent d'une réputation d'honnêteté incontestable et incontestée : Mme *Carvalho-Miolan* et Mlle *Nilsson*, les grandes cantatrices de l'Opéra. Enfin je lui signalai des artistes qui se recommandent encore par d'autres titres, notamment Mlle *Annette Mérante*, la danseuse de l'Opéra, que je connais très-peu, mais que je sais être la providence de sa famille tout entière, et cette famille est nombreuse (2).

J'allais continuer cette nomenclature déjà longue, lorsque tout à coup M. l'abbé Lagarde clôtura ma liste par un seul nom : celui de Mme *Rose-Chéri*, qui est resté comme l'expression la plus élevée de l'honorabilité au théâtre.

Car on conserve un souvenir très-honorable de cette artiste à l'Archevêché de Paris. Je me rappelle qu'il y a quatre ans, au début de mes études sur les comédiens, Mgr Buquet, ancien vicaire général du diocèse, aujourd'hui évêque de Parium (*in partibus infidelium*), me faisait l'éloge des vertus de Mme *Rose-Chéri*, qui était la femme de M. *Lemoine-Montigny*, l'estimable directeur du théâtre du Gymnase, et qui mourut victime, comme on le sait, de son dévouement maternel pour l'aîné de ses jeunes fils.

Enfin, si j'avais pu mettre en doute un seul instant les intentions conciliantes et charitables de M. l'abbé Lagarde pour les comédiens, intentions qui, sans doute, sont celles de Monseigneur l'Archevêque de Paris, dont il est le représentant, un dernier trait aurait suffi pour m'en assurer.

---

(1) Cette excellente comédienne, dont le talent est si fin et si distingué, n'appartient plus à ce théâtre ; elle a un engagement pour la Russie, et elle fait partie maintenant du personnel dramatique des théâtres de Saint-Pétersbourg.

(2) C'est chose commune à l'Opéra que de voir les enfants se dévouer pour leurs parents. Telle pauvre petite fille des classes de la danse, à ce théâtre, qui émarge l'état d'appointements, s'empresse de porter à la fin du mois la petite rétribution qu'elle reçoit à une mère infirme, à un père nécessiteux. C'est ainsi que de jeunes enfants de dix à douze ans remplissent déjà sérieusement les devoirs de chef de famille, qu'elles en ont toutes les charges, à un âge où nos enfants, à nous gens du monde, commencent seulement à nous imposer les plus lourds sacrifices.

Je racontais à M. Lagarde que, dans une des églises dépendant de l'archidiaconé de Notre-Dame (1), une jeune artiste du Gymnase, Mlle *Barataud*, qui est fort honnête (2) et qui vit dans sa famille, s'était présentée un jour à la sacristie où elle avait réclamé l'assistance d'un prêtre pour l'accomplissement d'un devoir religieux, mais qu'elle avait été repoussée par le prêtre à cause de sa profession de comédienne. J'ajoutai que, plus tard, passant sur le boulevard, devant le théâtre du Gymnase, avec M. l'abbé T.....n, l'un des vicaires de l'église où avait eu lieu cet acte d'intolérance, j'avais manifesté à cet ecclésiastique tout mon déplaisir de voir se produire encore à notre époque de pareils actes, et qu'il s'était récrié aussitôt, en me disant vivement : — « Vous voulez parler de
» Mlle *Barataud*, mais ce n'est pas ma faute. J'étais de garde ce
» jour-là, il est vrai, à la sacristie ; seulement j'avais dû m'absenter
» un instant et me faire remplacer par un de mes jeunes confrères.
» Malheureusement, ce fut le moment que Mlle *Barataud* choisit
» pour se présenter, et elle a été repoussée par mon collègue. Mais
» puisque vous connaissez les artistes du Gymnase, veuillez bien
» m'excuser auprès de Mlle *Barataud* et lui exprimer mes regrets
» de ce qui s'est passé. Toutes les fois que le ministère d'un prêtre
» de la paroisse sera nécessaire à elle ou aux autres artistes du
» théâtre, ils n'auront qu'à demander l'abbé T.....n, et je les rece-
» vrai de mon mieux. » —

M. l'abbé Lagarde me répondit : — « Oui, on avait eu tort de re-

---

(1) Pour rendre plus aisée l'administration d'un diocèse aussi important que celui de Paris, les paroisses de ce diocèse sont divisées en trois sections qui prennent le titre d'*archidiaconés* et à la tête desquels sont placés, les trois vicaires généraux titulaires. L'archidiaconé de *Notre-Dame* comprend les paroisses de la rive droite de la Seine, à l'ouest ; celui de *Sainte-Geneviève* toutes les paroisses de la rive gauche, et celui de *Saint-Denis*, les paroisses de la rive droite à l'est de Paris.

(2) La curiosité indiscrète des oisifs et des hommes de plaisir ne permettant pas que la vie du comédien soit murée comme celle des gens du monde, une réputation d'honnêteté ne s'établit pas au théâtre sans que cette réputation soit méritée par l'artiste, qui vit dans une véritable *maison de verre*. Cette artiste est en butte à trop de rivalités, elle froisse trop d'amours-propres en repoussant des propositions d'autant plus âpres qu'elle les dédaigne davantage, pour que toutes ses actions ne soient pas épiées sans cesse, et qu'on ne sache jour par jour, heure par heure, ce qu'elle dit et ce qu'elle fait.

» pousser cette jeune comédienne. Comme vous l'avez écrit,
» Monsieur, *il vaut mieux rapprocher que d'éloigner.* » —

A ce moment, je saluais cet honorable ecclésiastique, pour prendre congé de lui, et je recueillis précieusement ces bonnes paroles, qui sont celles d'un vrai prêtre de Jésus-Christ.

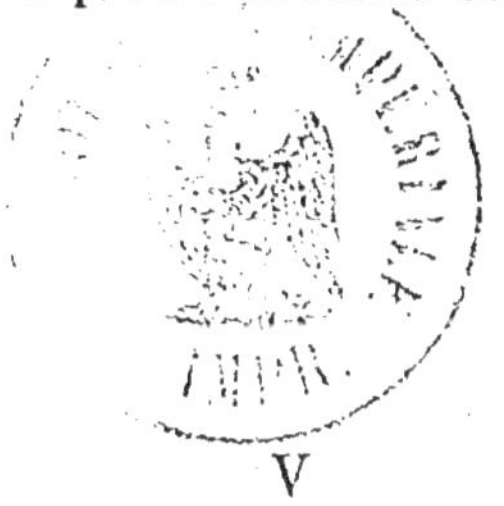

V

Or, comme on le voit, il n'y a pas, dans tout ce qui précède, la moindre place pour le plus petit scandale.

PARIS. — IMPRIMERIE DUBUISSON ET C', RUE COQ-HÉRON, 5